Inhalt

E-Commerce - Die EU will die Stolperfallen beim internationalen Einkauf im Internet verringern

Kernthesen

Beitrag

Fallbeispiele

Weiterführende Literatur

Impressum

E-Commerce - Die EU will die Stolperfallen beim internationalen Einkauf im Internet verringern

M. Westphal

Kernthesen

- Der Einkauf im Internet wird immer beliebter aufgrund der großen Transparenz des Angebotes.
- Allerdings hindern den Kunden immer noch viele teilweise auch künstlich errichtete Barrieren, die die EU abbauen möchte.
- Die Kunden müssen sich aber nicht nur mit künstlichen Barrieren, sondern auch mit

rechtlichen Vorschriften auseinander setzen, wenn sie im Internet international einkaufen wollen.
- Der Internet-Einkauf verursacht viele Kosten, die sehr genau mit denen des realen Einkaufs verglichen werden müssen.

Beitrag

Der Einkauf im Internet lockt durch das grenzenlose Angebot. Doch häufig wird übersehen, dass dem Verbraucher noch viele Grenzen aufgezeigt werden.

Einkaufen im Internet kommt immer mehr in Mode. Der Reiz liegt in der Vielfalt des Angebotes und vor allem in der extrem hohen Preistransparenz. So sind vor allem Schnäppchenjäger von den Möglichkeiten des Internets als Einkaufsmedium begeistert. Denn das Internet und damit das zu Grunde liegende Angebot ist weltweit. (1)

Die EU will die vielen Barrieren im internationalen Internet-Einkauf überwinden

Viele Verbraucher führen als Grund für ihren nationalen Internet-Einkauf noch sprachliche Defizite an. Aber es gibt eben auch andere faktische Gründe, die gegen einen internationalen Einkauf sprechen. So sind die bestehenden Regeln für einen grenzüberschreitenden Handel im Internet an die 20 Jahre alt und entsprechen damit sicher nicht mehr den aktuellen Anforderungen. Gerade kleine Unternehmen werden durch viele noch geltende Regelungen in ihren internationalen Handelsbemühungen über das Internet behindert. Aber auch das Routing auf die jeweils lokale Seite z. B. bei Fluggesellschaften, die die Wahrnehmung eines günstigeren Angebotes auf einer anderen Länderseite unterbinden, sind nicht akzeptabel. (4)

So verhindern international operierende Anbieter durch verschiedene Mechanismen, dass ein internationaler Einkauf möglich wird. Ein Besitzer einer deutschen Kreditkarte kann z. B. häufig auch nur mit einer Akzeptanz seiner Kreditkarte rechnen, wenn er im Inland bestellt. (2)

Die EU untersucht gerade diesen Tatbestand und die Häufigkeit derartiger Barrieren. Sofern diese Untersuchung ergibt, dass es sich nicht nur um wenige Einzelfälle handelt, will die EU in 2009 einen Gesetzentwurf verabschieden, der derartige territorialen Barrieren verhindern soll. (2)

Damit rückt die EU-Kommission den Internet-Handel in den Fokus ihrer Aktivitäten zum

Verbraucherschutz. Gerade Hemmnisse, die von Unternehmen im EU-Binnenhandel aufgebaut werden, sind im Visier der EU. So bestehen häufig geographische Barrieren, die dazu führen, dass Internetseiten verhindern, dass Produkte im Ausland günstiger eingekauft werden können als im Inland. Die EU möchte, dass nicht nur die Wirtschaft vom EU-Binnenmarkt profitiert, sondern auch der Bürger. (2)

Sehr skeptisch beurteilt die EU auch die Strategie vieler Markenartikel-Hersteller, die versuchen, den Internet-Handel ihrer Produkte zu verhindern. Auch hier will die EU-Kommission eingreifen, nachdem sich sogar schon das Internet-Auktionshaus Ebay über entsprechende Probleme beschwert hat. (2)

Schon im Oktober 2008 will die EU-Kommission einen Gesetzentwurf vorstellen, der das Rücktrittsrecht beim Internetkauf auf 14 Tage festlegt und der Mindestinformationen für Verbraucher vorschreibt und gewisse Vertragsklauseln verbietet. So soll z. B. das automatische Setzen von Kreuzchen für Extraangebote verboten werden. Das automatische Abschließen einer Reiserücktrittsversicherung bei Buchung einer Reise oder andere Produkt-Bundles sollen untersagt werden. Noch ist allerdings davon auszugehen, dass sich viele der EU-Staaten gegenüber derartig massiven Eingriffen in ihr nationales Verbraucherrecht wehren werden. (2), (3)

Gerade bei Einkäufen im Ausland sind viele Fallen zu berücksichtigen

In den verlockenden Schnäppchenangeboten aus Übersee liegen viele Fallen versteckt. Es kann ganz schnell ohne böse Absicht gegen geltendes Steuer- und Zollrecht verstoßen werden. Bei schwerwiegenderen Verstößen kann das dann sogar zu Einträgen ins Strafregister führen.
Gründe für günstige Angebote vor allem auch im EU-Ausland sind häufig durch den starken Euro gegenüber dem US-Dollar begründet.
Warum sollte man also nicht seine CDs in den USA und Fernseher in China kaufen? Der Kauf ist, egal wo in der Welt der Verkäufer sitzt, nur ein einfacher Klick. Internationale Zahlungsmittel wie Kreditkarten oder PayPal sowie die Tatsache weltweit operierender Logistik-Dienstleister machen auch den Einkauf auf den Fidschi-Inseln zu einem Kinderspiel. (1)
So ist insbesondere bei Käufen aus dem EU-Ausland zum einen natürlich zu berücksichtigen, dass die Transportkosten das vermeintliche Schnäppchen zu einem teuren Spaß werden lassen. Aber auch etwaige Zollgebühren oder die Einfuhrumsatzsteuer können den Preisvorteil schnell mindestens kompensieren. Und, vergisst der Kunde die Anmeldung

abgabepflichtiger Waren, macht er sich strafbar. Wird er dann erwischt, verdoppelt sich der zu zahlende Zoll- und Steuerbetrag. Im Falle von Beträgen, die über 250 Euro liegen, liegt gar ein Steuerstraftatbestand vor.

Aber es gibt auch Waren, die gar nicht eingeführt werden dürfen, wie viele Arzneimittel, oder gefälschte Markenprodukte und Tiere oder Pflanzen, die unter Artenschutz stehen. Viele dieser Lieferungen werden vom Zoll entdeckt und sofort wieder zurückgeschickt oder vernichtet. (1)

Im Gegensatz zu der zollfreien Freimenge von 175 Euro, die man persönlich am Flughafen einführen darf, liegt diese Wertgrenze bei Bestellungen über das Internet bei 22 Euro. Allerdings wird diese Wertgrenze ab dem 01.12.2008 auf 150 Euro angehoben.

Ebenso sind aber gerade im beliebten Bereich der Unterhaltungs- und Technikartikel auch andere Dinge zu berücksichtigen: andere Netzteile, DVD-Länderformate, Netzspannungen und auch Garantieleistungen. Wird der Käufer im Garantiefall wirklich von einer hiesigen Niederlassung des Herstellers unterstützt?

Wichtig ist auch, dass die Zollinhaltserklärung vom Verkäufer exakt ausgefüllt wird, um das Produkt dann auch einem Zolltarif zuordnen zu können. Zu beachten ist hierbei auch, dass Versandkosten häufig voll in den Zollwert hineingerechnet werden. Die Einfuhrabgaben unterscheiden auch nicht zwischen privaten oder gewerblichen Verkäufern oder zwischen neuen oder gebrauchten Artikeln. Sollte der Wert der eingeführten Ware höher als 1 000 Euro sein, so muss die Einfuhr gar schriftlich angemeldet werden. (1) Bei Nichtgefallen der Ware sind entsprechende Regelungen für Rücksendung und evtl. Wiedereinfuhr der Ersatzware zu beachten. Alles dies kann nicht nur die Kosten sehr in die Höhe treiben, sondern auch den persönlichen Aufwand. (1)

Der betriebswirtschaftliche Transaktionskostenansatz kann auch bei der Analyse von Interneteinkäufen herangezogen werden

Gerade die vielen Kostenaspekte, die im Rahmen eines Internetkaufs zu berücksichtigen sind, lassen sich auch sehr gut mit dem theoretischen betriebswirtschaftlichen Ansatz der Transaktionskostentheorie erklären. Denn dieser ist nicht nur auf die Betrachtung de Anbieterseite beschränkt, sondern kann auch für die Konsumentenseite gute Erläuterungen bieten. Denn Transaktionskosten spielen neben dem Preis eines

Produktes bei der Wahl einer Einkaufsstätte eine große Bedeutung. (6)

Auf der Unternehmensseite sind die Transaktionskosten immer ein Kriterium für die Entscheidung, ob eine Leistung am Markt eingekauft, oder ob sie selbst erstellt wird. Aber auch auf der Marketingseite kann entschieden werden, welche Distributionskanäle bedient werden. (6)

Für die Konsumenten stellt sich immer die Entscheidung, welcher Anbieter den günstigsten Preis anbietet. Aber darüber hinaus muss auch noch unterschieden werden, welche Einkaufsstätte gewählt wird, da jede mit einer anderen Preispolitik verknüpft ist. Aufgrund der Zunahme der Bedeutung des Internets als Einkaufsmedium gibt es als potentielle Anbieter nicht nur Warenhäuser und andere Ladengeschäfte, sondern auch direkt vertreibende Online-Häuser. Die Wahl des Bezugskanals wird damit komplexer, da Komponenten wie Hol- oder Bringprinzip inklusive der damit jeweils verbundenen Kosten mitberücksichtigt werden müssen. Der physische Einkauf in einem Geschäft ist verbunden mit der Zeit, zum Geschäft zu kommen und die Ware zu finden und zu bezahlen und wieder nach Hause zu fahren. Bestellt der Kunde seine Ware in einem virtuellen Einkaufskorb ist er nur initiativ bei der Entgegennahme der Ware an der Haustür. Dafür muss er dann den Online-Einkaufspreis aber zusammen mit den Versandkosten mit dem Preis vergleichen, den er in einem physisch existierenden Geschäft bezahlen würde. Zu diesem muss er dann noch seinen persönlichen kalkulatorischen Zeitaufwand oder auch die tatsächlich entstehenden Kosten, wie z. B. Treibstoff, hinzuzählen. Diese Größen können deutlich schwerer in Geldeinheiten ausgedrückt werden, als die Beschaffungskosten im Online-Kauf, die sich in der Regel rein aus den Versandkosten ermitteln lassen. Erschwert wird dieser Preisvergleich dann noch, wenn der Kunde berücksichtigen muss, dass er zum Anlieferungstermin der Ware nicht zu Hause ist und seine Ware doch noch irgendwo selbst abholen muss. Die Gesamtkosten eines Produktes setzen sich letztendlich zusammen aus dem eigentlichen Produktpreis und den Transaktionskosten des Beschaffungsprozesses. (6)

Fallbeispiele

Die zunehmende Beliebtheit des Internets als Einkaufsmedium spiegelt sich auch wieder in der wachsenden Anzahl von Produkt- wie auch Preissuchmaschinen. Inzwischen gibt es in diesem Bereich sehr spezialisierte Anbieter, die z. B. nur nach den günstigsten Online-Bilderdiensten suchen. Viele dieser Portale verbinden ihre Preissuchfunktion mit qualitativen Informationen zu den jeweiligen Produkten in Form von Kundenrezensionen. Aber nicht nur Produkte werden hier miteinander verglichen, sondern auch Dienstleistungen. So gibt es Handwerkerportale, auf denen der Nachfrager sein Gesuch ausschreiben kann.

Das Bundesministerium der Justiz hat seine Muster für Widerrufs- und Rückgabebelehrungen neu gefasst. Gerade im Bereich von Fernabsatzgeschäften über das Internet ist aber ein genaues Studium dieser neuen Regelungen notwendig. Denn auch Werbeaussagen im Internet können inzwischen ohne juristische Fachkenntnisse kaum noch erstellt werden. So ist es jedem im Internet anbietenden Unternehmen angeraten, sich über praxisrelevante gesetzliche Anforderungen zum ordnungsgemäßen Abschluss von Fernabsatzverträgen gerade im Hinblick auf das Widerrufsrecht zu informieren. (5)

Weiterführende Literatur

(1) Noll, Jürgen, Schnäppchenjagd im Minenfeld, Spiegel Online, 23.09.2008
aus HANDELSBLATT online 28.08.2008 12:33:43

(2) EU will Kunden im Internet stärken
aus Handelsblatt Nr. 185 vom 23.09.08 Seite 6

(3) EU bekämpft Kundenfang im Netz
aus Kölner Stadtanzeiger, 23.09.2008

(4) "Ich will automatisch gesetzte Kreuze im Internet verbieten"
aus Frankfurter Allgemeine Zeitung, 23.09.2008, Nr. 223, S. 14

(5) O.V., Fernabsatzgeschäfte, Widerrufsbelehrung erforderlich, ZDK hat ein umfangreiches Merkblatt ins Internet gestellt, kfz-Betrieb, Nr. 33, 14.08.2008
aus Frankfurter Allgemeine Zeitung, 23.09.2008, Nr. 223, S. 14

(6) Fernabsatzgeschäfte Widerrufsbelehrung erforderlich ZDK hat ein umfangreiches Merkblatt ins Internet gestellt
aus kfz-betrieb Nr. 033 vom 14.08.2008 Seite 036

Impressum

E-Commerce - Die EU will die Stolperfallen beim internationalen Einkauf im Internet verringern

Bibliografische Information der deutschen Nationalbibliothek

Die Deutsche Nationalbibliothek verzeichnet diese Publikation in der deutschen Nationalbibliografie; detaillierte bibliografische Daten sind im Internet über http://dnb.d-nb.de abrufbar.

ISBN: 978-3-7379-0346-2

© 2015 GBI-Genios Deutsche Wirtschaftsdatenbank GmbH, Freischützstraße 96, 81927 München, www.genios.de

Alle Rechte vorbehalten. Dieses Werk ist einschließlich aller seiner Teile – z.B. Texte, Tabellen und Grafiken - urheberrechtlich geschützt. Jede Verwertung außerhalb der Grenzen des Urheberrechtsgesetzes bedarf der vorherigen Zustimmung des Verlags. Dies gilt insbesondere auch für auszugsweise Nachdrucke, fotomechanische

Vervielfältigungen (Fotokopie/Mikroskopie), Übersetzungen, Auswertungen durch Datenbanken oder ähnliche Einrichtungen und die Einspeicherung und Verarbeitung in elektronischen Systemen.